AF338900

GOUVERNEMENT GÉNÉRAL DE L'ALGÉRIE

DISCOURS

PRONONCÉS PAR

M. Ed. LAFERRIÈRE

Gouverneur Général de l'Algérie

A la Séance Solennelle d'Ouverture

DES

DÉLÉGATIONS FINANCIÈRES ALGÉRIENNES

A Alger, le 15 Décembre 1898,

ET A

L'Inauguration du Monument de Sidi-Brahim

A Oran, le 18 Décembre 1898.

———— ✖ ————

ALGER

IMPRIMERIE ORIENTALE, P. FONTANA ET Cⁱᵉ, RUE D'ORLÉANS

1898

DISCOURS

PRONONCÉS PAR

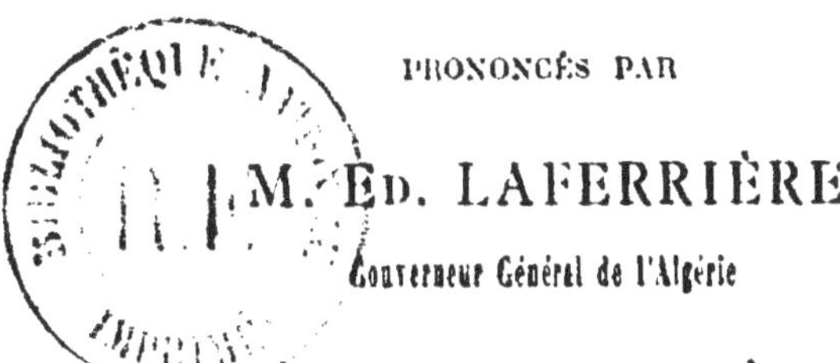

M. Ed. LAFERRIÈRE

Gouverneur Général de l'Algérie

A la Séance Solennelle d'Ouverture

DES

DÉLÉGATIONS FINANCIÈRES ALGÉRIENNES

A Alger, le 15 Décembre 1898,

ET A

L'Inauguration du Monument de Sidi-Brahim

A Oran, le 18 Décembre 1898.

ALGER

IMPRIMERIE ORIENTALE, P. FONTANA ET Cᵒ, RUE D'ORLÉANS

1898

(Extrait du MOBACHER, du 21 Décembre 1898)

DISCOURS

PRONONCÉ PAR

M. ED. LAFERRIÈRE

Gouverneur Général de l'Algérie

A l'Ouverture solennelle de la Session des Délégations financières Algériennes.

———

Messieurs les Délégués,

Je déclare ouverte la première session des Délégations financières algériennes.

L'honneur est grand pour moi d'inaugurer aujourd'hui cette institution nouvelle dont nous avons le droit d'espérer tant de bien pour l'avenir de l'Algérie.

Je sais que, malgré les efforts d'esprits clairvoyants, cette institution n'a pas été toujours bien comprise de ceux qui l'ont appréciée avant qu'elle n'ait commencé d'exister ; mais je suis sûr qu'elle sera hautement approuvée de tous, lorsqu'elle aura montré ce qu'elle est, et lorsque vous aurez fait entrevoir, par la sagesse et la portée pratique de vos délibérations, ce qu'elle peut mériter de devenir un jour.

Permettez-moi de rechercher avec vous, d'après les décrets du 23 août et les rapports qui les précèdent, quelle pensée a présidé à cette création, et en quoi cette pensée diffère de celles qui ont paru dominer jusqu'ici dans la législation de l'Algérie.

Vous savez, Messieurs, que d'après les idées accréditées jusqu'à ce jour et les nombreuses décisions qui les ont consacrées, l'Algérie a été organisée comme partie intégrante du territoire métropolitain. Ses trois départements ont été considérés comme ne différant pas des autres départements que baigne la Méditerranée, sinon par un plus grand éloignement de la capitale.

De là l'assimilation qui a été faite entre l'organisation de l'Algérie et celle de la Métropole : préfectures et sous-préfectures, assemblées départementales et communales, attributions et rapports hiérarchiques des diverses autorités, juridictions et procédure, tout ou presque tout a été établi dans les mêmes formes et réglé par les mêmes lois. Seule l'institution d'un Gouverneur général, assisté d'un Conseil supérieur longtemps privé d'éléments électifs, rappelait bien timidement qu'il y avait quelque chose de plus en Algérie que le territoire de trois départements, qu'il y avait l'Algérie elle-même avec sa personnalité propre

Cette conception, Messieurs, était sans doute incomplète, mais gardons-nous de l'attribuer à une pensée de défiance. Le sentiment dont elle s'inspirait a droit à tout notre respect, car c'était un sentiment de profond attachement de la Métropole pour sa grande colonie, attachement qui tendait à les confondre l'une à l'autre dans une étroite et indissoluble unité : indissoluble, en effet, et non moins chère à notre cœur qu'à celui de la Mère-Patrie, s'il s'agit d'unité française et d'identité nationale, mais plus susceptible d'être discutée, s'il s'agit d'identité administrative et financière.

C'est pourquoi l'Algérie a demandé à plusieurs reprises, par l'organe de ses représentants les plus autorisés, qu'on voulût bien lui tenir compte, dans la grande famille française, des particularités qui la distinguent et qui créent son originalité.

Eh ! bien, Messieurs, ce qui fait le mérite des décrets du 23 août, c'est que leurs auteurs ont voulu s'associer, dans la mesure qu'ils ont jugée actuellement possible, à ce mouvement de l'opinion algérienne.

Ils s'y sont associés, non en donnant un brusque élan à des réformes extrêmes dont l'insuccès aurait tout compromis, mais en réalisant des innovations mesurées qui consacrent un progrès actuel sans interdire le progrès à venir.

6

De ces innovations, l'une est relative aux pouvoirs du Gouverneur général, lesquels ont été étendus et fortifiés, afin qu'il puisse exercer plus librement et plus vite, en faveur de vos intérêts propres, la part d'autorité qui lui a été confiée.

Une seconde innovation a consisté à doubler l'élément électif du Conseil supérieur en appelant vos propres représentants à siéger dans cette assemblée auprès de ceux des Conseils généraux.

Mais la réforme la plus importante a été la création des Délégations financières algériennes. La pensée hautement libérale dont cette réforme s'est inspirée apparaît à plusieurs reprises dans le rapport présenté par M. le Président du Conseil des ministres à M. le Président de la République.

Permettez-moi d'en remettre quelques passages sous vos yeux :

« L'institution des Délégations financières « algériennes, lisons-nous dans ce rapport, a « pour but d'apporter au Gouvernement géné- « ral de l'Algérie le concours d'opinions libres, « d'avis éclairés et de vœux réfléchis, émis par « des représentants directs des contribuables « algériens sur toutes les questions d'impôts et « de taxes assimilées. »

Le rapport constate ensuite que l'ensemble des contribuables algériens ne forme pas, comme en

France, une masse homogène soumise à un système fiscal presque uniforme, mais qu'on peut y
distinguer trois grands groupes de contribuables :
les colons qui représentent la terre , les intérêts
de l'agriculture et de la colonisation ; les contribuables non colons qui représentent le commerce,
l'industrie, la main-d'œuvre ouvrière ; et enfin
les contribuables indigènes qui représentent la
culture primitive et la vie pastorale et dont le
système d'impôts, maintenu à travers les siècles,
constitue un régime fiscal à part.

Puis l'auteur du rapport, envisageant les attributions que le Gouvernement pouvait dès à présent conférer aux Délégations financières, et celles dont le pouvoir législatif aurait seul le droit
de les doter un jour, poursuit en ces termes :

« Les règles traditionnelles qui président aux
« rapports de l'Algérie avec sa Métropole ne
« permettraient pas au Gouvernement de donner
« à ces assemblées d'autres attributions que des
« attributions consultatives. En effet, le budget
« de l'Algérie a toujours été un budget d'Etat,
« et nul ne pourrait admettre qu'il cessât de
« l'être pour tout ce qui concerne les dépenses
« de souveraineté, c'est-à-dire celles qui ont trait
« à la direction politique de la Colonie, à sa
« défense sur terre et sur mer, et aux autres
« grands services publics qui assurent le respect
« du droit national et l'autorité de la justice. —
« Mais de bons esprits ont pensé qu'en dehors

8

« de ce budget de souveraineté, il pourrait y
« avoir place, en Algérie, pour un *budget spécial*,
« s'alimentant au moyen de ressources dont la
« Métropole abandonnerait la disposition à notre
« France algérienne.

« Peut-être pourrait-elle lui conférer aussi une
« personnalité civile et financière, lui permet-
« tant d'avoir un patrimoine et de faire appel au
« crédit, en vue d'exécuter de grands travaux
« publics. »

Et plus loin :

« Je dois faire remarquer que l'organisation
« de ces corps (les Délégations et le Conseil su-
« périeur) a été conçue de telle sorte qu'ils pour-
« raient exercer, sans que leur composition fût
« modifiée, les attributions nouvelles dont le
« pouvoir législatif consentirait à les doter. »

Plusieurs idées, Messieurs, me semblent se
dégager des déclarations que je viens d'avoir
l'honneur de vous rappeler.

La première, c'est que les Délégations financières ne sont pas des assemblées politiques, du
moins dans le sens qu'on attache généralement
à ce mot, c'est-à-dire des assemblées aspirant à
représenter l'ensemble des idées, et même des
passions, qui animent la masse des citoyens.
Elles constituent des représentations d'*intérêts*,
des organes autorisés des besoins, et des
aspirations d'ordre économique et financier,

correspondant aux différents foyers d'activité et de production qui existent en Algérie.

Une seconde idée à retenir, c'est que ces différents intérêts, étant également respectables, doivent être également libres dans l'expression de vœux qui peuvent différer.

Il ne saurait, en effet, échapper à aucun esprit attentif que ni les questions économiques, ni les questions fiscales, ne se posent en termes identiques pour les grands intérêts que vous représentez.

L'impôt foncier, par exemple, est perçu, dans les villes grandes ou petites, sur la propriété bâtie; il ne l'est pas sur les domaines agricoles. La patente, la taxe sur les loyers, sont des impôts presque exclusivement urbains ; par contre l'impôt des prestations, les taxes pour la défense des vignes, les taxes d'irrigation sont des impôts ruraux.

Il y a plus : tel impôt indirect, qui intéresse la population tout entière, peut donner lieu à des observations très différentes, selon le point de vue économique ou professionnel auquel on se place : tels sont, par exemple, les droits de douane et l'octroi de mer.

Si donc il est vrai qu'en matière politique les décisions ou les vœux doivent émaner de majorités globales issues du suffrage universel, il est également vrai qu'en matière économique, chaque grand intérêt doit pouvoir délibérer avec lui-même et s'affirmer librement, sans en être empêché, soit par une coalition d'intérêts contraires, soit par des partis-pris politiques.

Ainsi s'explique aussi la composition spéciale des collèges électoraux qui ont procédé à votre élection. Cette composition n'a pas été capricieuse comme quelques-uns ont paru le croire, mais au contraire mûrement réfléchie.

C'est à dessein que le décret organique a exigé de vos électeurs une certaine maturité d'âge et une résidence de trois années au moins sur le sol algérien : il a voulu s'assurer ainsi que ces électeurs auraient une connaissance réelle et une certaine expérience personnelle des intérêts à représenter.

C'est à dessein aussi qu'il a exigé d'eux une possession prolongée de la nationalité française : il a voulu ainsi qu'une influence dominante fut assurée à cette nationalité. Qui donc pourrait s'en étonner ? La France n'a-t-elle pas payé l'Algérie assez cher de son sang, de son or et du labeur de ses enfants, pour avoir le droit de donner à de vieux Français une marque spéciale de sa confiance ?

Sachons donc, Messieurs, dans un pays neuf, accepter des idées neuves. Et puisque nous nous plaignons quelquefois d'un excès d'assimilation entre le régime de la Métropole et le nôtre, sachons au moins admettre qu'on puisse déroger à cette assimilation, lorsqu'il s'agit de tenir compte des particularités que présente l'Algérie.

A ces considérations générales, permettez-moi d'ajouter quelques indications plus spéciales relatives aux travaux que vous allez accomplir.

Vous savez que d'après le décret du 23 août, les Délégations financières sont appelées à prendre deux ordres de délibérations : les unes *doivent* vous être demandées, ce sont celles qui ont pour objet les impôts et les taxes de toute nature, perçues ou à percevoir, qui intéressent la catégorie de contribuables représentée par chaque Délégation ; d'autres délibérations *peuvent* vous être demandées, ce sont celles qui auraient pour objet des questions d'ordre économique et financier autres que les questions d'impôts.

En ce qui touche les questions fiscales, chaque Délégation a dès à présent toute liberté de les étudier, d'approuver ou de critiquer, s'il y a lieu, l'assiette, le taux, le mode de perception des divers impôts qui l'intéressent. Mais vous êtes des hommes pratiques, sachant ce qu'est l'équilibre d'un budget. Si donc vous étiez amenés à proposer certaines atténuations des taxes actuellement perçues, vous voudriez bien proposer les moyens de pourvoir à leur remplacement.

Peut-être devrais-je ajouter que votre étude n'est pas limitée à l'amélioration possible des taxes existantes, mais qu'elle doit aussi s'étendre à la recherche de ressources nouvelles destinées à accroitre le budget des recettes de l'Algérie. Mais je ne vous demanderai pas dès à présent cette étude, et je dirai très franchement les motifs qui me portent à m'en abstenir.

Les rapports financiers de la France et de l'Algérie ont été jusqu'ici des rapports de paternelle mais étroite tutelle du côté de la Métropole, de soumission déférente du côté de la Colonie. Ils sont susceptibles d'être élargis, assouplis, et je ne crains pas de le dire, relevés aux yeux de l'une et de l'autre, par cette institution d'un budget spécial, sur laquelle l'autorité souveraine des Chambres aura à se prononcer.

Le jour où grâce à cette innovation désirée, une grande part de vos excédents de recettes, sinon peut-être ces excédents tout entiers, pourra être consacrée à accroître les richesses de votre sol, à doter plus largement vos services coloniaux, à gager des emprunts qui permettront de développer votre outillage économique, ce jour-là, je ne doute pas que vous ne soyez les premiers à proposer des ressources nouvelles, parce que vous saurez qu'elles profiteront à vos commettants.

En ce qui touche les questions d'ordre financier et économique autres que les questions d'impôts, dont vous pouvez être saisis par le Gouverneur général, j'estime qu'elles doivent vous être largement soumises en tant qu'elles touchent aux intérêts dont vous êtes les représentants.

Le programme que j'ai fait préparer à cet effet vous paraîtra, je l'espère, répondre aux intentions libérales du Gouvernement. Si, d'ailleurs, quelques omissions venaient à se révéler, j'examinerais bien volontiers les additions dont ce programme serait susceptible.

Afin de faciliter vos travaux et d'établir entre les Délégations financières et le Gouvernement général une utile et confiante collaboration, des commissaires du Gouvernement assistés des chefs de service dont le concours sera jugé utile, se mettront en rapport avec chacune des Délégations et leur fourniront toutes les explications et documents de nature à éclairer leur avis.

Les Délégations financières prennent, vous le savez, des délibérations distinctes et séparées. Le décret du 23 août autorise cependant le Gouverneur général à leur demander des délibérations communes sur des questions déterminées. Je compte user de cette faculté pour l'examen de certaines questions dont le caractère général semble comporter ce mode de délibération.

Je n'ai pas besoin d'ajouter, Messieurs, — car votre clairvoyance a déjà devancé ma pensée sur ce point — que vos travaux seront suivis avec une sympathique et vigilante attention par les pouvoirs publics de la Métropole. Nous aurons à solliciter d'eux des décisions importantes, et il n'échappe à personne vous que c'est par la haute compétence de vos délibérations, et par leur irréprochable légalité, que vous préparerez le mieux le succès de nos vœux.

De mon côté, je puis vous donner l'assurance que si, par impossible, on tentait de troubler vos délibérations en agitant la cité qui est heureuse de recevoir les délégués de l'Algérie tout entière, de telles tentatives seraient sévèrement réprimées.

Et maintenant, Messieurs, je confie à votre sagesse et à votre patriotisme cette institution nouvelle des Délégations financières. Je vous la remets, comme on remet au colon une terre pleine de sève, mais qui a besoin, pour devenir féconde, du travail et de la calme persévérance de celui qui la détient.

C'est à ce prix que vous recueillerez la moisson que vous êtes en droit d'espérer ; et, en attendant que l'heure en soit venue, je vous adresse du fond du cœur le salut et les vœux du Gouvernement de la République.

DISCOURS

PRONONCÉ

A l'Inauguration du Monument de Sidi-Brahim

—

MESSIEURS,

Je viens m'associer, au nom de l'Algérie tout entière et au nom du Gouvernement de la République, à l'hommage que la ville d'Oran a eu la noble pensée de rendre aux héros de Sidi-Brahim.

Un grand penseur l'a dit avec vérité : « C'est déjà pratiquer la vertu que de savoir l'honorer dignement ».

Aussi quand on voit, autour du magnifique monument que nous inaugurons, cette foule où tant de races et de cultes divers sont fraternellement confondus dans un culte unique, celui du dévouement et du sacrifice à la Patrie, on ne peut s'empêcher d'être fier de cette union de tous pour glorifier ce qu'il y a de plus grand ici bas, l'immolation à l'idée du devoir.

Qu'il me soit permis, Messieurs, de remercier tous ceux qui offrent à l'Algérie, et au delà d'elle à la France, ce spectacle réconfortant.

Je veux d'abord saluer l'armée.

Oui, celte fête est avant tout la sienne, celle de la vaillance et de la haute vertu qui honorent les chefs, qui honorent aussi le soldat, presque toujours inconscient de sa propre grandeur jusqu'à ce qu'elle se révèle par un triomphe héroïque ou par une catastrophe plus héroïque encore.

Ces chasseurs d'Orléans du 8ᵉ bataillon, ces hussards du 2ᵉ régiment, dont nous voyons ici les camarades, venus de France pour saluer la glorieuse mémoire de leurs aînés; c'étaient des humbles, pour la plupart, venus de l'atelier ou de la charrue, et il a suffi d'un souffle de fierté nationale, de la grande image de la Patrie et du drapeau se dressant devant eux dans l'angoisse d'une lutte désespérée, pour en faire des héros.

Salut donc à l'armée, à cette armée d'Afrique qui a conquis l'Algérie et qui, au besoin, saurait la garder !

Je salue auprès d'elle les dépositaires de l'autorité civile, les honorables représentants du département et de la ville d'Oran, les membres du Comité à qui est due l'érection de ce monument, et les artistes éminents qui ont élevé cet autel grandiose à la religion du souvenir.

Et comment ne rendrait-on pas aussi le même hommage à ces populations qui se pressent autour de nous et où sont représentés tous les éléments laborieux et vivaces qui font la force et la richesse de l'Oranie.

Colons, dont l'esprit d'initiative et de progrès,

soutenu par une mâle persévérance, est parvenu à créer ici un admirable vignoble, éprouvé sans doute par l'invisible ennemi, mais assez puissant pour lui résister en réparant ses pertes par une activité prévoyante ; — travailleurs étrangers, presque tous de race latine comme nous, qui ont apporté un précieux concours à l'œuvre de la colonisation et qui ont su faire prospérer, à côté des grandes exploitations agricoles, les cultures les plus ingénieuses et les plus raffinées.

Il est juste que tous ces vaillants travailleurs obtiennent le complément d'outillage économique et d'expansion colonisatrice que M. le Président du Comité vient de revendiquer pour eux, et qui est dans les vœux de tous les Algériens, à commencer par le Gouverneur général de l'Algérie.

Auprès d'eux, enfin, nous voyons nos fidèles indigènes. Leurs pères furent vainqueurs à Sidi-Brahim, mais si on leur demandait quels furent les plus grands dans cette lutte épique, ils répondraient, — car ils se connaissent en bravoure — : ce furent les vaincus !

Aujourd'hui, il n'y a plus entre nous et eux, ni vainqueurs ni vaincus : tous sont devenus membres de la famille française ; beaucoup, vaillants soldats et officiers de notre armée ; ils respectent nos lois, nous respectons les leurs ; et nous savons que si jamais nous avions à repousser une agression, ils seraient à nos côtés pour défendre le sol algérien à l'ombre du drapeau tricolore.

C'est ainsi, Messieurs, que de cette belle fête, il se dégage quelque chose de plus encore que cette généreuse unanimité des âmes pour célébrer un inoubliable fait de guerre; il s'en dégage une fortifiante pensée d'union entre tous les éléments qui forment la population algérienne, et qui contribuent, chacun pour leur part, à la prospérité de notre belle colonie.

Cette union est plus que jamais nécessaire; et, malgré des divisions passagères, elle ne pourra que s'affermir sous l'égide de la République, parce que la République est le gouvernement de tous, parce que du haut de son idéal, toujours poursuivi, sinon toujours atteint, elle plane au-dessus des passions et des haines; parce qu'enfin on peut dire d'elle ce qu'un de nos grands poètes a dit de la puissance devant qui tout s'incline :

« Son cœur est assez grand pour nous tous contenir. »

Voilà pourquoi, Messieurs, nous pouvons, tous tant que nous sommes, traduire en un même cri les sentiments qui nous animent :

Vive la République Française !
Vive l'Algérie !
Vive l'Armée !

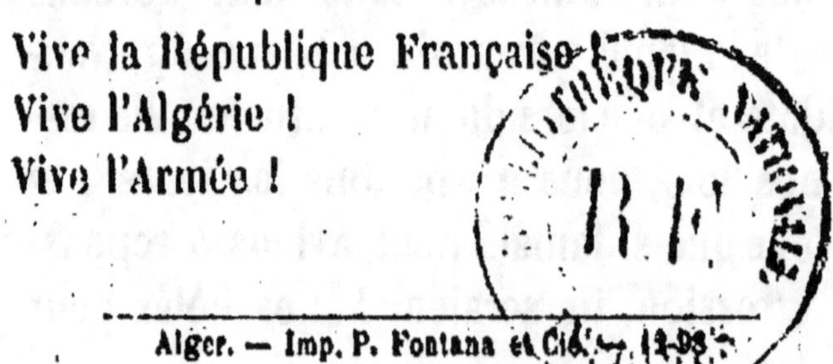

Alger. — Imp. P. Fontana et Cie — 1898.

Documents manquants (pages, cahiers...)
NF Z43-120-13